神的药瓶

神的药瓶
God's Medicine Bottle

叶光明国际事工版权 © 2017

叶光明事工亚太地区出版

PO Box 2029, Christchurch, New Zealand 8140

admin@dpm.co.nz

叶光明事工出版

DPM19

ISBN: 978-1-78263-661-8

目 录

一、照说明服用

我想和你分享我发现神奇妙药瓶的经历。我在第二次世界大战早期的岁月中得到这个伟大的祝福。

我是英国人，第二次世界大战期间，我在英国军队的医疗传令兵部队（美国称作医院服务人员）服役五年半。在前三年的服役中，我驻扎在非洲北部的沙漠里：先后在埃及、利比亚、苏丹服役。

在沙漠里，我们比在任何地方更多地暴露于沙漠和阳光中。我在沙漠里待了整整一年，连一条铺好的路都见不到。我们在沙漠里行军，睡在沙漠里，也经常觉得自己在吃沙子。由于日夜都暴露于沙漠当中，再加上太阳的曝晒，若是没有做好防晒措施，会对皮肤造成严重的损害，我就是这样。最初出现问题的是我的手和脚都脱皮了，无法干活。

我的上司一直犹豫是否让我住院，因为他知道如果我住院，他的部门就少了一个人。所以有几个月，我是一瘸一拐地履行我的军职。然而，最后他还是让我去了医院。我去过三四个不同的部队医疗机构，在医院住了一年。在那期间，我遇到一个在中东待过两年，也因类似状况在医院住了一年半的士兵。

医生对我们的问题做出了复杂的诊断，每个名字都比前一个更长。最后，我的问题被诊断为慢性湿疹，我得到最好的治疗，但却没有什么效果。

我看见很多其他患同样疾病的士兵也没有治好，那些病情严重的灼伤人员通常都被运到南非。由于我的病情还不算严重，而且我在英国军队的职位还没重要到能让我在去南非的船上占用一个位子。于是，我就一天一天地躺在床上，不知道自己的未来会怎样。我告诉你，当你在医院住上一年时，就会觉得时间过得很慢！

在这之前，我与主有了一种真正的个人关系——我重生了，接受了圣灵的充满。但是，我那时对《圣经》仍一无所知。在走投无路的情况下，我只好向上帝和我所拥有的那本《圣经》求救。

在绝望中，我拼命在《圣经》中寻找是否有符合我身体的话，我不懂什么医治的神学，只知道我需要医治。我有《圣经》，也有大量时间读书，因为那儿没什么事可做。于是，我就在《圣经》中寻找一些东西，能向我说明我是否真的能为我身体得到医治而信任神。

一天，我看到箴言中的几句经文，我把这几节经文称为"神的药瓶"。我引用当时所读的《英王钦定本圣经》中极其生动和有力的经文：

我儿，要留心听我的言词，侧耳听我的话语。都不可离你的眼目，要存记在你心中。

因为得着它的，就得了生命，又得了医全体的良药。

箴言 4 章 20-22 节

是那最后一句话"医全体的良药"吸引了我的注意。我明白"全体"的意思是全部身体。我心想，健康！（经文原文是 health，字面意思是健康）如果我全部身体拥有健康，那么我就不会生病，这就是神应许我的。

于是，我随便看了一眼《圣经》旁边的注释，看见健康这个词的另一种翻译是药。这几乎更适合我的情况。神在应许我某种会给我的身体带来健康的药。我心想，这恰恰就是我所需要的。于是，我又回去反复读那些话，我看见，其实神的供应是藉着祂的话来提供给我的。

20 节说："要留心听我的言词，侧耳听我的话语。"然后，22 节说："因为得着它〔神的话语〕的，就得了生命，又得了医全体的良药。"所以，某种程度上，生命和健康是在神的话语当中，我不知道那会怎样，但我知道神应许了这一切。

我看到"得着它的"这句话时，我意识到不仅仅是要读《圣经》，还要以寻找神在其中的供应这种态度去读《圣经》。

我已接受了各种药物的治疗，却丝毫不见效。于是我决定了，而且从某方面来说，这决定很天真。我决定要把神的话当做我的药来吃。在我生命中的很多方面，这是个非常重要的转折点。当我做了那个决定后，主亲自对我说话。没有发出声音，然而却非常清楚，我听到祂说："医生给病人药时，服药的说明就在药瓶上。"然后，祂指示说："这就是我要给你的药，服药说明在药瓶上，你最好研究一下。"

神提醒我，除非病人按照服药说明吃药，否则医生不会保证服药后的药效。因为自己是做医疗传令兵的，所以，我深知这点。

随后，我决定研究那药瓶上的说明。我很快看见，把神的话作为身体的药服用的四个特殊说明，下面是祂的说明：

(1) 留心听我的言词
(2) 侧耳听我的话语
(3) 都不可离你的眼目
(4) 要存记在你心中

我认识到，如果我想从那药中得到所需要的益处的话语，我就得遵从这四个指导准则。

我无法详细解释后面发生的事，但我开始每天三次，饭后都低头读《圣经》，因为人通常是那样吃药的。我说："神啊，你说你的这些话能医治我的全体，我现在把它们当做药来吃，奉耶稣的名祷告。"几个月之内，用这种方式吃神的药后，就达到了神所应许的结果。我身体的每个地方都完全健康了。

很多年以前，我把这段经历录音在磁带上。最近，就在英国的伦敦，我遇到了一位来自巴基斯坦的年轻人，他告诉我，他信了主，他患湿疹二十多年了。一天，他听到我的磁带，决定照我所说的方法去做。对他来说，他在两三天时间里就得到完全的医治。所以，这是一个最新的见证，证明这个药仍然照它所说明的那样起作用。

二、留心听

我现在想和你分享我从神药瓶上的说明以及如何应用它们所学到的功课。这四个指导原则的第一个是"**留心听我的言词**"。我们需要明白，神对我们说话时，祂要求我们毫无分心。如果全能神正要对我们说话，当然最起码的礼貌是叫我们要全神贯注恭恭敬敬地听神说。不幸的是，今天很多人的态度不是这样。

因为媒体的激增，广播、电视、互联网和微信等等，以及当代文化中的各种不同因素，我们几乎养成了同时听两种不同声音的习惯。我们患上了被称作"分心"的疾病。我去一个家庭看到青年人一边看电视一边做作业时，感到很惊讶。他们对两者都不专心。

现在，在很多地方都有所谓的背景音乐。我们谈话，可同时，一只耳朵在听背景音乐。我不得不说，对我个人而言，这非常令我懊恼，我是那种渴望专注在某件事上，不分心的人。我想那是神让我习惯的一个特性，就是我不愿意分心。如果我和人在交谈，我想听那人说话。如果我在听音乐，我就想专心听音乐。我喜爱音乐，当我听音乐时，我就全神贯注地听。

但是，你看，整本《圣经》都指出要得医治的关键是要**听**。我简单地说：符合《圣经》的医治关键是**听**。我们听什么，我们如何听，都是非常重要的。耶稣对他的门徒说："**你所听的要留心**"（马可福音 4:24）祂还说："**你们应当小心怎样听**"（路加福音 8:18）。我们要把两者结合在一起，就是我们听什么，以及怎样听。

《旧约》另一处与医治有关的经文同样强调其关键在于听。出埃及记中，耶和华神通过摩西告诉以色列：

> **又说："你若留意听耶和华你神的话，又行我眼中看为正的事，留心听我的诫命，守我一切的律例，我就不将所加与埃及人的疾病加在你身上，因为我耶和华是医治你的。"**
>
> **出埃及记 15 章 26 节**

注意经文最后一句话，是神药瓶的说明："我提供那药，我是你们的医生。"在现代希伯来语中，这句话最恰当的翻译是："我是耶和华，你的医生。"神对祂的百姓说："我愿意做你的医生，你身体的医生。"但这是有条件的，神以"**若**"为开始。

第一个条件，也是最基本的，是："**你若留心听耶和华你神的声音。**"你看，听什么是很重要的，被翻译成"**留心**"的希伯来词是动词"**听**"的重复。说的是："你若'听，不断听'耶和华你神的声音。"要全神贯注地听。

当我为自己寻求医治时，我脑子里就想起了箴言 4 章 20-22 节的经文，我问自己，"听，不断地听"是什么意思？

神回答了我这个问题，祂说："你有两只耳朵，左耳和右耳；'听，不断地听'是说用两只耳朵听。不要用左耳听我的话，用右耳听别的声音，只会混淆你让你分辨不清。"

重点在关注于神，听祂的，对神全神贯注。这就是神药瓶的基本说明。我们听什么和怎样听是很有关系的，那不仅是得医治的关键，也是得到信心的关键。它们是十分紧密地结合在一起，是信心使我们能得到神的医治，并从那药中得到益处。

在我就医漫长的时间里，有一句经文是我真实的写照，我最喜欢这句经文：

可见信道是从听道来的，听道是从基督的话来的。

罗马书 10 章 17 节

躺在医院的床上，我一直对自己说，我知道，如果我有信心，神就会医治我。之后又会说，可我没有信心啊。当我反复告诉自己我没有信心时，我发现了约翰班扬在《天路历程》中所描述的"极度沮丧的状态"——绝望、黑暗、孤独的低谷。

一天，当我在读《圣经》时，我的视线落在罗马书 10 章 17 节："**可见信道是从听道来的，听道是从基督的话来的。**"有两个字从书里跳到我眼前："信"与"来"。换句话说，不必失望，若是没有信心，信心会来的，是可以得到的。

我继续往下寻找信心怎样来的。**"信道是从听道而来的，听道是从基督的话来的"**。正如箴言 4 章 20-22 节所说的，我再次被引到神的话上。当我分析这句经文，发现我们必须从神的话开始，这是一个起点。我们仔细听神的话，从听神的话开始，就得到了《圣经》所说的"听见"，听见神的能力，然后，藉着听见，就生出信心。

唯有将注意力集中在神的话语上，才能有**听**的能力。当我们持续不断地听，信心必因此得以增加。

某种程度上，每件事都和如何听神的话有关。我们是否全神贯注地听神的话语？是否用两只耳朵倾听？是否将注意力完全集中在神的话语上？是否能在灵里和外表上都达到《圣经》对听神的话所要求的标准呢？

很多人虽然读《圣经》，却从不听神说话。这是因为有太多的事夺去了他们的注意力。他们的心中可能想着：该如何付这个月的房租，天气会怎样；或者他们的注意力集中在政治、时势和新闻上。他们因太多事物而分心，以至无法培养听的能力。

我们必须培养听的能力，透过听道才会有信道。对神的话语我们要保持正确的态度，这会帮助我们听祂的话。当我们能听时，我们就有了信心。听，把我们带回神的话语上；因着得着神话语，我们的信心被提升。

　　因此，神药瓶的第一个说明就是"**留心听神的言词**"。

三、侧耳听

现在，我要解释神药瓶的第二个说明：**"侧耳听我的话语"**。

侧耳（incline）一词有点像古典英语，所以，我们需要确保自己准确理解其意思。这个英文词作动词时，表示"弯下来"的动作，作名词时则是指"斜坡"。侧耳就是弯下耳朵。就人体而言，若不弯下头，就不可能弯下耳朵，所以侧耳其实是低下头来。表达谦卑和受教的态度。

我在医院里学习《圣经》，迫切寻找我的问题的答案时，读了很多关于医治、祝福和丰盛的应许，但过去的背景限制了我对神的回应，这大概是我们所有人的通病。

我成长的背景是与快乐无关的基督教会——事实上，与快乐正相反。我从小就得出结论，如果我要成为基督徒的话，我就会变得很悲惨。我也很早就决定我不打算变得那么悲惨，因此，我不想成为基督徒。是神对我生命的至高干预改变了我，但我仍然抱有很多旧有的错误观念。

当我在《圣经》中发现这些重复的有关医治、健康、力量、长寿、兴旺和丰盛的应许时，我一直摇头——没有低头，而是摇头——说："这不可能！这不太像是真的！我不相信这个信仰是这样的！"我对诗篇中的两节经文"**他赦免你一切**

罪孽，医治你的一切疾病，以致你如鹰返老还童。"
（诗 103:3、5）做出这样的反应：我告诉自己，这是不可能的，神不会像这样，我是说，我们都知道做基督徒很惨的。

当我里面做出这样的反应时，神清楚地对我说，虽没有出声，却像有人真的说话那样清楚。祂说："那么，告诉我，谁是学生，谁是老师？"我想了一会儿，回答说："主啊，你是老师，我是学生。"然而，祂问："那好，你愿意让我教你了吗？"

于是，我看见自己根本没让神来教导我，我有自己的偏见。如果祂在自己的话语中说了某些不一样的话，我就不愿意接受，因为我的心已被这些旧有的观念所捆绑。神其实是说："侧耳听，放下你的偏见，弯下你那顽梗的颈项，让我告诉你我有多好，我为你预备的供应有多丰富，不要以人的标准来衡量我，因为我是神。我是全能、仁慈、信实和怜悯的神。"

这说明了神话语一个非常重要的原则。只有当我们接受神的话到这种程度时，它才有效。如果我们不接受，它就都对我们没有什么好处。雅各在一段非常有能力的经文中，对我们讲述神的话：

他按自己的旨意用真道生了我们，叫我们在他所造的万物中，好像初熟的果子。〔注意，我们成为基督徒是与那话语有关，神用真理的道生了我们〕**我亲爱的弟兄们，这是你们所知道的。但你们各人要快快地听，慢慢地说，慢慢地动怒。因为人的怒氣并不成就神的義。所以，你们要脱去一切的污秽和盈余的邪恶，存温柔的心领受那所栽种的道，就是能救你们灵魂的道。**

雅各书 1 章 18-19、21 节

神的话能救你，它可以医治你，可以用数不清的方式祝福你，但只有当你温柔地接受神话语的时候才行。

我们需要放下的另一点是"不听话"，我们通常将这句话用在孩子身上。不听话的孩子是什么样的？不听话的孩子的标志之一是他被教导或责备时会还嘴。神说："不要对我还嘴，我告诉你什么事，不要和我争论。不要告诉我，你认为那不可能是真的，或那是不可能的，或我可能不是那个意思；让我来教导你。"这是侧耳听的核心，是指我们到神面前，我们说："神啊，你是老师，我是学生，我愿意让你教导我，我侧耳听你的。"

在侧耳这件事上，我们要面对这个事实，就是我们大多数人在我们开始读《圣经》时都有头脑中的障碍。很多情况下，这些障碍与我们的背景有关。我们很多人曾经隶属某个教派，或仍然是这教派的活跃份子。我并不是反对教派，但我想告诉你，每个教派都有其弱点，有其优点。如果我们以自己教派的背景来衡量神，以自己教会或教派的教导来判断《圣经》的话，必然会将一些神原本要我们接受，并能帮助和祝福我们的真理从心中逐出。

例如，有些教会教导神迹的时代已经过去，但我从《圣经》中没有找到任何支持此观点的经文。我可以想到大量的经文都显示与此观点相反的事实。但如果你抱有神迹已经过去的态度，那么，当神应许你一个神迹时，你很可能听不见或不相信这应许。

有些基督徒团体认为，为了圣洁，你必须要贫穷。若不贫穷就会在某种程度上被看做是有罪的。但如果为了让你帮助建立祂的国，神计划要在物质方面祝福你，正如祂在《圣经》中多次声明的那样，这可能就是神对你的计划。但如果你抱有你必须贫穷的态度，你就无法接受神基于《圣经》所提供给你的丰盛的祝福。有一节经文我认为我们真的需要记在心里。

亲爱的弟兄啊，我愿你凡事兴盛，身体健壮，正如你的灵魂兴盛一样。

约翰三书 2 节

我记得当我开始读这节经文时，它把我敲醒了。就在我心里冒出旧的偏见和成见。心想，这不可能，不可能是这个意思的时候。神说："侧耳听，不要带着你的争论、你的偏见、你的成见到我面前，把你顽梗的颈子弯下来，让我来教你。"

这是藉着神的话得到医治的基本要求，通过放下我们的成见和偏见，将顽梗的颈子弯下来，打开我们的耳朵，我们就变得能够仔细听神要说的话，而不会因为那与我们以为神该说的话不一样就拒绝听。

神比任何教派都大，祂比我们所能理解认识的大得多，别把神限制在那些成见或偏见中，以致得不到神的帮助。侧耳听，让祂告诉我们，祂是多么愿意帮助我们。

四、不可离开你的眼目

我已经讲了神的药瓶的前两个说明："**留心听**"和"**侧耳听**"。那么。我要往下讲第三个说明："**不可离开你的眼目。**"这里指的是神的话和神所说的。

这个指示的关键可以用"焦点"这个词来形容。人类的眼睛有一个奇妙的功能，可以透过调整焦距，看到单一的影像（指视力健康、按神所设计的方式来使用眼睛的情况而言）。如果没有正确的聚焦，再好的视力也不能看到清晰的影像。许多人灵里的光景就是这样，他们没有很好地学习调整属灵视力的焦点，因此他们属灵的眼睛所看到的影像总是模糊不清。

许多人以为属灵世界是虚虚实实、半真半假。我认识主以前也这样认为。我认为宗教就是环绕在古老教堂建筑的一股雾气，如果我是个好人，那股雾气或许会降在我头上；可惜这样的事情从未发生。最后，我决定将兴趣转移到哲学上。事实就是这样，除非我们能调整好自己的属灵视力，否则我们所看到的属灵事物的永远是模糊不清的。路加福音里，耶稣谈到属灵的眼睛时说：

> **你眼睛就是身上的灯。你的眼睛若了亮，全身就光明；眼睛若昏花，全身就黑暗。**
>
> **路加福音 11 章 34 节**

耶稣所讲的是关乎全身的事，正如箴言4章所说，神的话是医全体的良药。此处提到眼睛，你的眼睛若了亮，就能看清楚影像。不是用两只眼睛分别看往不同的方向，而是完全聚焦于一件事物上。我们所看的结果会影响到我们全身，主说："**全身就光明。**"

一个内心充满光明的人，疾病在他身上就没有入侵的空间。光和暗是互相排斥的。疾病是来自黑暗的，健康是来自光明的：

但向你们敬畏我名的人必有公义的日头出现，其光线有医治之能。你们必出来跳跃如圈里的肥犊。

玛拉基书4章2节

自然界中，太阳是光的来源。当太阳升起时，带来了公义和医治。公义的反面就是罪；医治的反面就是疾病。罪和疾病是黑暗的工作，而公义和医治是光的工作。耶稣说："如果你的眼睛了亮，你的全身都将充满光、公义、健康。"此处所提到的"**了亮**"在原文中用"单单"来表达，因此这段经文也可以被解读为我们必须"单单定睛于神"。

"单单"在希腊原文中有许多意思。我从两个不同版本的希腊词典仔细的考察这个字，其中一个主要的意思是"纯"或"真诚"，我想这清楚的表明了此处的意思。"单单定睛于神"——

你只需要单纯及真诚的按着本来的意思去读神的话。

我在前面解释了第二个说明："侧耳听"是指把你立着的颈子弯下来，愿意听。有两个常见的障碍——偏见和成见。我们以为自己已经知道神要说什么，于是，我们就不愿意听了。

第三种说明提到了简单化或真诚性。我认为单纯和真诚的障碍是理性和诡辩。当我听到传道人引用很多属世专家的话时就变得很警觉，特别是他们想证明《圣经》的时候。我不相信《圣经》需要由属世的专家来证明是真的。最终，那不会建立人的信心。

就像我前面所说的，信心是藉着听神的话而来的；任何把我们的注意力从神的话语转移开的东西，最终都不能建造我们的信心。我们要以单纯真诚的眼光来读《圣经》："这就是神所说的，这就是祂的意思，我相信《圣经》所写的。"

我回想自己在医院里的经历，当时我是个拥有拉丁语和希腊语专业的哲学教授，能引经据典。就像我从前生病那样，藉着神的话，我以一种最单纯的方式得到了医治：把神的话当做我的药。对一个哲学脑袋来说，这纯粹是胡说！简直是荒唐！可是，你看，我病了，哲学无法医治我。我真实的面对了两个的选择：我可以保持我以为的聪明却继续生病，或着我可以选择成为单纯并得到医治。我一直感到庆幸：我选择成为单纯，成为单纯使我得了医治。

这说明了一点：如果你的眼光是单纯、真诚的，如果你不是太骄傲，如果你不乐于争论，如果你无法引用各种神学思想，反而，你能更接近神。很抱歉，我必须这样说。但多年的经验已经使我确信这点，神学通常对人的信心没什么帮助。

我用保罗书信中的两段话来总结这点，注意，我们在谈的是一种主里的简单，在世人眼中却是愚拙的。对此，保罗说：

因神的愚拙总比人智慧，神的软弱总比人强壮。

哥林多前书 1 章 25 节

他主要是在讲十字架，十字架在当时的文化中是最软弱和最愚拙的东西，但神的大能却出自十字架的软弱。神无法测度的智慧出自十字架的愚拙。所以，我们要经历某种非常软弱、非常愚拙的东西，来接受神的智慧和大能。

在哥林多前书稍微再往后一点，保罗说了一些很有趣的事。我注意到他是在对一群拥有哲学背景的人讲话，我很欣赏这段言论。

人不可自欺。你们中间若有人在这世界自以为有智慧，倒不如变作愚拙，好成为有智慧的。

哥林多前书 3 章 18 节

你看，神与人的智慧完全不同，中间的鸿沟正是谦卑所在。我们必须放下属世的智慧，要在世界的眼中变为愚拙，才能真的进入神的智慧。

在这点上，我曾面临选择。要保留世人的智慧，继续生病；或是选择世人眼中的愚拙，得着医治。我不得不说，我明智的选了愚拙得医治，而不是保有属世的聪明却继续生病。这听起来或许有点复杂，但这的确是保罗要说的："如果你在这世上是聪明的，为了你能有智慧，你就需要变成愚拙的，因为神的愚拙比人的聪明更智慧。"

"不可离开你的眼目"。要用专一、单纯且真诚的眼光，照《圣经》所写的方式去读，照它所说的去理解。

五、要存记在你心里

我们已经看了前三个说明。现在，我们要来看第四个，也是最后一个说明：**"要存记在你心里。"**

这个命令对我非常真实，有两个原因。第一个原因是因着我先前所提到，病得到医治的个人经历。

第二个原因是，我在非洲东部的一所学院当校长，这是一所专为非洲学校培训教师的学院。理所当然，我对教学原则很熟悉。其中一个基本原则，称之为"耳门"和"眼门"原则。当你想吸引一个孩子全部的注意力时，你需要吸引他所有的门。孩子只是听还不够；还需要看。事实上，我们也教他们，孩子不仅需要听和看，也需要有实际的练习，这就是"听、看、做"的原则。

让我蒙福的是我看到在箴言 4 章 20-22 节中，看见神在 3000 年前就使用了现代教育理论的心理学。祂说"要留心听我的言词，侧耳听我的话语，然后，要存记在你心里。"提醒我们耳门和眼门的目的，是要触及人性中最重要的中心地带，《圣经》把它称作心。神的话若不能到达心灵，就不能产生果效。

药必须被身体吸收才会达到功效。你可以吃药，但若它没有进入血液，就不会达到预期的效果。神的药只有释放到心里时，才能有效。前面三个说明都是帮助我们将药送到该去的地方，就是我们的心。然后，又说："要存记在你心里。"

我们来看箴言接下来的一节经文，这也是《圣经》中最具意义的经文之一：

你要保守你的心，胜过保守一切，因为一生的果效，是由心发出。

箴言 4 章 23 节

"一生的果效" 这句话多么有意义啊！

我的思绪又回到了非洲东部，我的一个学生以自己的母语写下这句经文。我对他们的语言略知一二，还能认出她写在宿舍墙上的经文，是这样说的："要尽力保守你的心；因为生命中的一切都来自于此。"非常简单，比英文钦定本的经文还简单。

我内心毫不怀疑，一生的果效都是从心发出的。换句话说，你心里有什么就决定你生命经历的一切。如果你心里有正确的东西，你的生活不会出问题。如果你心里有错误的东西，你的生活就会出问题。

然而，你心里所有的东西决定了你生命的进程。所以，神说："我的药、我的言词和我的话语要照其所应许的实现，他们就必须进入你心里，你必须把它们存记在心。不只是在你心的边缘，而是在心里。把它们存记在你整个生命和个性的中心位置。它们就会影响你的生活方式。

在结束这篇关于神的话语是我们的药的教导之前，我们来看《新约》中一段类似的经文。希伯来书 4 节 12 节谈到神话语的属性，以及它是如何在我们里面起作用的。为了使其生动一些，我要使用两种不同的翻译，这样我们就可以比对参考不同版本的翻译。首先是中文和合本的翻译：

神的道是活泼的，是有功效的，比一切两刃的剑更快，甚至魂与灵、骨节与骨髓，都能刺入、剖开，连心中的思念和主意都能辨明。

希伯来书 4 章 12 节

新译本翻译说：

神的道是有生命的，是有功效的，比任何双刃的剑更锋利，能刺透到魂与灵的分界，以及骨节和骨髓的分界，也能辩明心中的思想和意念。

希伯来书 4 章 12 节

如果我要选择总结这段经文的一个词，我想应该是透彻。神的话入木三分。事实上，它能刺透别的东西刺不透的地方。《圣经》用了手术刀锋利的概念，其刀刃能直接刺透人的组织。但神的话刺透另外的领域，它将灵与魂分开，我们人性中最深层的部分。我们里面自己无法完全明白的东西，神的话向我们启示，分开骨节与骨髓，触动我们的属灵部分，也触动身体的部分。我们生命中没有什么地方是它不能触及的。

如果你患有骨髓或关节的疾病，这节经文说也许没有医生或药物能治好你的病，但惟有神的话能做到。如果你人性里面有问题，医生没有解决办法，神的话能解决。神的话曾刺透。

重要的是我们照神要求的方式吃神话语的药。我们必须全神贯注地吃，带着谦卑、受教的态度吃。我们必须放下自己的偏见和成见的障碍，用单纯诚实的眼光读神的话语。不要怀疑犹豫，也没有教条理论。放下诡辩和世故，按照神话语的意义接受神的话，让神的话进入我们里面，在我们心里动工。

结束祷告

天父，

我为读这篇信息的人感谢你，他们有属灵和身体上的需要，这些需要惟有藉着神的话才能解决。

我祷告这些话会进入他们里面，求你藉着你的话语使他们：生出信心，带来医治，带来释放，带来平安、喜乐与和谐。

以上所有的祷告是奉耶稣的名。阿们

如何在智能手机上安装应用程序(App)

可复制网址到智能手机的浏览器，或使用二维码安装适用于您智能手机的应用程序（App）

iPhone/iPad手机下载网址:

https://itunes.apple.com/sg/app/
ye-guang-ming-ye-guang-ming/
id1028210558?mt=8

若干安卓手机下载地址如下，供您选择:

https://play.google.com/store/
apps/details?id=com.subsplash.
thechurchapp.s_3HRM7X&hl

叶光明事工微信公众平台: